따시다 민지엄마

# 따시다
# 민지 엄마

박명숙 수상隨想집

詩界

# 자서

인생의 나이 50을 지천명(知天命)이라고들 한다. 하늘의 뜻을 안다는 의미다. 개인적으로는 이 지천명도 중반을 훌쩍 넘겨 버렸다.

곰곰이 헤아리면 나의 세월의 뒤안길은 늘 희로애락을 함께 했다. 생사의 기로에 처해도 있었고, 나름대로 뜻을 펼치는 일에 몰두해 짧게나마 풍년 같은 수확의 결실을 얻어내기도 했다. 내 마음의 한가운데는 유년시절부터 오랫동안 유교의 도리라는 게 자리하고 있다.

그 동안 나의 여정을 여기에까지 머물게 해주신 분들에게 머리 숙여 고마움을 표합니다.

## 목차

자서 / 5

## 제1부

나의 뿌리를 찾아서 / 12
한산섬 / 14
바다 / 16
우린 육남매 / 18
오빠에 대한 엄마의 기도 / 20
하나 뿐인 내 오빠 / 22
아버지를 위한 엄마의 기도 / 24
팥빙수에 대한 달콤한 추억 / 25
보리밭 / 26
꿈에도 그리는 '엄마' / 27
엄마 1 / 28
엄마 2 / 30
감사패를 떠 올립니다 / 32
울 엄마 / 34

# 제2부

종갓집 맏며느리로 살다 / 36
사랑하는 대영씨에게 / 38
소중한 생명의 빛(光)이여! / 40
영원히 사랑한다는 것은 / 42
사랑하는 사람이여 / 44
대영씨! 숙淑이 보고 싶지 않아? / 46
내 남편 / 47
나의 후원인 / 48
등록금 / 49
시아버님 전상서 / 50

## 제3부

가족 / 52
희망 / 54
아들 견민에게 / 56
착한 우리 며느리 / 57
일상 속에서 행복 / 58
손녀들 / 60
손녀 려원이 / 61
손녀 지아 / 62
사랑의 벚꽃 / 64
개선문 / 66
행복 / 67
LA 가서 / 68
우리집 사위 / 70
운동화 / 72
어느 가을날 / 73
내 딸 민지에게 / 74
장어 / 76
우뭇가사리 콩국수 / 77

좋은 세상 / 78
약해지지 말자 / 79
고마운 사람 / 80
선풍기 / 82
오늘 하루를 열심히 / 83
벗님께 / 84

## 제4부

인연의 사랑을 / 86
더 나은 미래를 향해 / 87
양보의 미덕 / 88
긍정은 내 편이다 / 90
용서 / 91
열쇠 / 92
재주보다 덕이 먼저 / 93
따뜻한 봄날 / 94

성주동 불모산 나들이 / 96
장학금 / 98
창원 소계동 / 99
성주동 꽃동산 / 100
동정동 산마루 카페 / 102
부처님 오신 날 / 104
전남 장흥 가서 / 105
유럽 여행길 / 106
2022년 6월 6일 화요일 / 108
만선의 꿈 / 110
등대 / 112
코로나 대 유행 / 114
통영시절을 펼치다 / 115
통영예찬 / 116


내 딸 민지로부터 온 편지
    나의 첫사랑, 엄마에게 / 120

# 제1부

따시다
민지
엄마

## 나의 뿌리를 찾아서

　내 나이 오십을 들어서니 내 뿌리가 무척 궁금해졌다. 나는 도대체 누구이며 어디서 와서 어디로 가는 걸까. 이런 것에 관한 문제들이다.
　내 안태본은 어촌 섬마을 한산도 멜개 마을이다.
　영조시대로 거슬러 올라가면, 입향조 박자 명자 한자 할아버님께서는 지금의 벼슬로 국방부 차관에 해당되는 명망 높은 관직에 계셨다.
　조선시대 종 2품 가선대부 할아버님의 손자 박지창 할아버님은 정 3품 절영장군으로서 제승당 수방장으로 재임한 사실을 유허비에 새겨져 전한다. 근간에 네이버 검색으로 알게 되었다. 한산 면민들을 규율하셨고 면민들은 길이길이 감사하다고 음각으로 남겨두었다. 자랑스러운 일이 아닐 수 없다.
　이렇게 우리 선조들은 후덕함을 대를 이어 실행하셨다.
　나의 세대와 후대는 매사에 올바르고 사람답게 살아가기를 내 가족들에게 간절히 청한다.

# 한산섬

삼백리 한려수도 한 가운데에서
나는 태어나고 자랐다.
그림 같은 푸른 바다는 나의 가슴이다.

섬을 굽이굽이 돌아드는 영롱함
그 자태는 한 폭의 산수화다.

검붉은 동백꽃
한산대첩 유구한 혼이 대대로 이어져 내려오는 곳
성웅 이순신 장군의 충정이 서려 있는 곳
한산섬, 자랑스런 내 고향이다.

# 바다

하얀 물살을 가르며
떠나가는 배
둥둥 떠 있는 섬의 자태는
한 폭의 그림을 연상케 하네.
끝없이 펼쳐진
넓은 바다의 장엄함은
잔잔한 마음의 등불이 되게 하네.
한 때는 이 세상 모든 걸 다 삼킬 듯해도
한편으로 모든 시련을 소화해 내는
드넓고 푸른 바다여
그곳에 희망의 배를 띄우네.
풋풋한 갯내음 맡으면
내 어린 시절 고동 줍고 조개 캐던
내 유년의 친구들 마냥 그립네.
바다는 모든 사람들의 희망이다.
바다는 내 마음의 고향이다.
울 엄마의 얼굴이다.

## 우린 육남매

우리 형제는 3남 3녀
육남매 중에 나는 넷째다.
많은 형제들 틈새에서
나는 관심 밖으로 밀려나 자라났다.

밥상 앞에 나 하나쯤 없어도
없는 줄 모르는 내 생은
차라리 복이었다.
그 와중에 나는
자유를 실컷 누리며 살았다.

내가 어른이 되고 되돌아보니
우리 형제는 가난 때문에 돈독했었다.
서로를 측은하게 여길 줄 알았고
똘똘 뭉칠 수 있었으며
생활력도 강해졌던 것 같다.

부모님 세상 뜨시고
생시만큼은 아닐 지라도
엄마의 유훈처럼
<피를 나눈 형제는 남이 안 된다>는
그 당부에 힘입어
건강하게 오래오래 누리며 살리라.

## 오빠에 대한 엄마의 기도

내가 자랑하는 우리 오빠는 장남입니다. 오빠는 가난한 어촌마을에서 태어난 연유하나로 참으로 고생을 많이 하였습니다. 얼마나 아픔이 많았을까 하고 되돌아보면 늘 미안한 마음입니다.

우리 오빠는 빨리 성숙 되어서인지 말수가 적고 과묵하며 우리 가족에 대한 희생정신이 남달랐습니다. 우리보다 아픔이 많았지만 절대 생색내지 않았고 자신을 운명으로 여기고 사는 도인 같은 분이셨습니다.

우리집은 종갓집으로 제사가 많았습니다. 장독대의 큰 장독엔 과일이나 떡을 따로 저장하는 곳이 있었습니다. 주로 오빠 몫이었습니다. 우리는 배가 고플 때면 그 장독대 주변을 맴돌기도 했지만 엄마의 정성을 알기에 참아야만 했습니다.

장남에 대한 우리 엄마의 기도는 너무나 간절해서 그 공덕에 용왕님도 우리 육남매를 도왔다고 생각됩니다. 엄마의 기도는 자신을 위한 것이 아니라 우리 가족을 위한 것이었으며 마음속에서 우러나오는 염원이었습니다. 늘 들으면 분명 복이 올 것이라 확신을 할 수 있었습니다. 현재 우리 남매는 수산업으로 성공하여 잘 살고 있습니다. 오빠의 드넓은 혜안 덕분입니다.

## 하나 뿐인 내 오빠

나는 늘 가슴 한 곳에 마음의 빚을 안고 산다.
가난한 어부의 딸로 태어났고 집안 사정이 어려워 공부에 관해서 엄두도 못 낼 형편이었다. 여느 동네 학생들과 같이 초등학교를 졸업하고 곧장 생활전선에 뛰어들게 되었다. 1년 동안 어른들 틈새에서 굴까는 공장 일에 몰두하게 된 것이다. 적은 월급이지만 나름 돈을 버는 일이라 마음을 달랠 수 있었다. 월급은 엄마 몫이었다. 그 당시 석유곤로를 샀던 기억을 더듬을 수 있다. 열악한 시절이었다. 동네 학생들 대부분이 초등학교를 졸업하면 배를 타던지 그렇지 않으면 공장에 다니는 게 그 시절 유행 같았다.
공부를 안 하면 희망이 없다고 생각한 나는 엄마에게 떼를 쓰고 고집을 피워 일 년 재수 끝에 중학교를 가는 데 성공하였다. 그때부터 나는 철이 들게 된 것이다. 공부하기로 작정을 하자 또 다른 어려움이 다가 왔다. 오빠의 도움으로 나는 중학교와 고등학교를 졸업할 수 있었다. 그 당시 우리 오빠는 우리들 앞날을 위해 생활전선에서 무척 고생하셨다. 돈 되는 일이면 도맡아 하였고 여느 오빠들과는 달랐다. 우리 오빠의 도움은 하늘의 은혜와 같았다. 만약 우리 오빠의 헌신이 없었다면 나와 내 동생들은 배움의 기회를 얻지 못했을 것이다.

나는 오빠에게 늘 미안한 마음으로 살고 있다. 무거운 짐을 지금껏 지고 산다. 감사하게도 오빠는 자수성가하여 잘 살고 계신다. 오빠를 비롯한 모든 가족들이 건강하고 행복하길 빌겠습니다.

## 아버지를 위한 엄마의 기도

한산도 하포는 나의 고향입니다. 어린 시절 태풍이 다가 올 때쯤이면 우리 엄마의 기도는 바다로 뱃일 나간 남편에 대한 염려와 걱정으로 잠을 이루지 못했습니다.

아버지는 변덕스런 날씨에도 어김없이 고기잡이를 나가셨습니다. 섬 주변으로, 또는 조금 먼 곳으로 밤일 조업을 나가실 때도 있었습니다.

바다 환경에 의존해 사는 우리 엄마는 행여나 하는 생각에 걱정이 많았습니다. 엄마는 아버지를 위해 바다 용왕님께 두 손 모아 빌고 빌었습니다. 어부의 아내인 우리 엄마는 노심초사 애를 태우셨습니다. 그 당시 우리 아버지는 위험한 바다 일을 마다하지 않으셨습니다. 참으로 용감하고 힘든 일을 많이 하셨습니다. 아버지 감사합니다.

## 팥빙수에 대한 달콤한 추억

한산도 어촌마을의 어린 소녀가 아버지와 함께 통영시내로 처음 발을 옮겨 놓았습니다. 모든 것이 신기하였습니다. 맨 처음 맛을 본 것은 팥빙수며 뜻하지 않은 달콤한 맛은 두 눈을 번뜩 뜨게 하는 데 한 몫을 하였습니다.

지금도 거리를 지나다가 카페 윈도 위에 '팥빙수'라고 쓰인 세 글자만 보아도 아버님과의 잊지 못할 내 생에 초유의 추억이 떠오릅니다. 그리고 그 때의 그 팥빙수 맛을 떠올리며 그리운 우리 아버지가 보고파 가슴이 미어집니다.

## 보리밭

내 여고시절
엄마 품을 떠나
통영으로 유학 왔었네.
주말이면 설레는 마음 붙들어 매고
한산도 고향으로 달려갔네.
연초록 잎으로 온 들녘은 물들었고
노란 보리밭에서 일하시는 엄마를
소리껏 부를 때 무척 행복했었어.

종달새 지저귀던 날
나를 반기던 울 엄마
엄마품은 3월의 품속처럼
따뜻했었네. 포근했었네.
보리밭은 우리 가족의 늘푸른 희망
오십 중반에 다다라도
엄마의 품은 늘 향기로워
그립고 그리운 것을.

# 꿈에도 그리는 '엄마'

이따금 꿈결에서 생시가 되는 '엄마'
잠에서 깨면 그 꿈이 너무나 달콤해
순간순간 놓치기 아까워
기억에 기억을 보태본다.
꿈의 끈은 끊어졌다가 이어지는
참 미묘한 신기루 같은 것

살아생전에
더 잘할 것을
가슴에 응어리지지 않게 할 것을
더 애틋한 마음을 간직하고
'엄마'를 보살필 것을

이별의 시간이 이렇게 긴 줄 미처 몰랐네.
이승과 저승의 참 미묘한 꿈길을 헤매네.

# 엄마 1

수국꽃이 이쁘게 필 때면
예전의 엄마 모습 보네.
수국은 그리운 엄마 얼굴이네.

노인 요양병원에서 엄마를 뵙고
쓸쓸히 돌아오던 그날
참담하고 괴로웠던
내 마음.

파란 하늘을 바라보니
엄마의 모습이 뭉게뭉게 피어오르네.
구름 사이사이에 아련하게 떠오르네.
숙아 숙아하고
그리운 엄마의 목소리가 들려오네.

# 엄마 2

엄마, 엄마, 엄마, 보고 싶은 우리 엄마.
한번 가시고 돌아오시지 않는 우리 엄마.
오늘따라 무척이나 보고 싶네요.
내 고향 뒷동산에 뻐꾸기소리 영원한 데
우리 엄마 모습은 영원하지 않네요.
산소 앞으로는 한산도 바닷길이 훤하고 주위에는 연산홍도 활짝 피어 아름답기로 그지없네요, 이 화창한 봄날 천상에 계시는 우리 엄마 이 풍경들을 물끄러미 바라보고 계시지요.
못난 막내딸이 엄마를 그리워하며
오늘 못내 울고 있답니다.

## 감사패를 떠 올립니다

　가끔씩 엄마가 보고 싶을 때 휴대폰 속에 저장한 엄마 사진을 뒤적입니다. 겨우 사진 몇 장이지만 나에게는 그 무엇보다도 소중한 보물입니다.
　나는 종종 엄마 살아 계실 때 엄마 모습을 동영상으로 찍어 두지 못한 것을 후회하곤 합니다. 내 자신의 부득함을 자책하였습니다.
　나는 오래 전부터 알고 지내는 이웃 언니가 있습니다. 이웃 언니의 엄마는 현재 90을 넘겼습니다. 언니 노모의 생신날에 자녀들과 손자들이 합심하여 감사패를 주는 것을 보았습니다. 선물도 주고 사진도 찍어 휴대폰 프로필에 올려놓은 것을 보았습니다. 나는 그것을 보는 순간 부끄러워 몸 둘 바를 몰랐습니다.
　나는 어째서 우리 엄마 살아계실 때 사랑한다는 말 한 마디 표현을 못했을까 하며 후회 합니다. 감사패는 아니더라도 엄마를 좀 더 꼬옥 안아주질 못했을까 후회하며 미안한 마음뿐입니다. <불효자식 사후회>라는 말을 들은 바 있습니다. 불효자식이 부모님 돌아가시고 난 후에 후회한들 무슨 소용이 있겠냐는 뜻이겠지요.

　선이 언니는 먼 후일 그의 어머니께서 돌아가시고 그의 어머니가 보고 싶을 때 저장된 동영상을 꺼내 보며 봄 햇살 같이 환한 그의 어머니 미소를 우러러 새길 것입니다.

　선이 언니처럼 우리도 우리 엄마를 위해 나름대로 길이길이 기념될 만한 것을 남기지 못한 것을 이제야 한이 되어 스스로 꾸짖습니다.

　엄마엄마 우리 엄마

　죄송합니다.

## 울 엄마

나는 유년시절 철없던 막내딸이었습니다.
엄마의 딸은 오늘도 새록새록 소의 되새김질처럼
엄마의 살아온 인생을 떠올립니다.
보고 싶을 때
내 고향 한산도 울 엄마 산소에 가서
소리 내어 불러도 보고 엉엉 울어 봐도
대답 없으신 엄마
젊은 날 일찍부터
백내장으로 한쪽 눈 시력을 잃으시고
가난한 집 육남매의 엄마로 무척 고생하시면서
나를 정성으로 키우신 울 엄마
나는 살면서 엄마의 가르침이 곧 하늘이었습니다.
형제간에 우애 있게 지내라는 그 말씀
형제는 남 안 된다는 울 엄마의 그 다정다감한 목소리
귓전에 쟁쟁 합니다.
울 엄마 목소리 울린답니다.

# 제2부

따시다
민지
엄마

## 종갓집 맏며느리로 살다

　시댁은 엄격한 유교 집안입니다.
　나는 스물 셋에 중매로 결혼하여 낯선 사량도로 시집을 갔다. 결혼하고 곧 남편은 직장 때문에 마산으로 훌쩍 떠나게 되었다. 그때부터 나의 운명은 낯선 곳에서 혼자가 되어 시집의 가풍을 익히며 적응해야만 했다. 그때가 추운 겨울 2월이었다. 나는 시할머님, 시부모님 앞에서 늘 긴장하여 작아질 수밖에 없었다. 무슨 실수라도 하게 될까 어리둥절해야만 하는 운명의 시간들이었다. 시어머님 목소리에 주눅 드는 일이 하루 이틀이 아니었다. 잦은 실수를 범하여 혼나는 일도 많았다. 제사문화를 중요시하는 집안이기에 나는 며느리로서 제사 일에 신경을 곤두세워야만 했다.
　나는 시댁의 엄격한 가르침과 격려 속에서 나 자신을 내려놓는 일에 익숙해져 갔고, 나 자신을 맞추어 가면서 열심히 살려고 노력했다. 그래야 집안이 편안할 수 있다고 생각했다. 그 무엇보다도 집안 어르신들께서 부족함이 많은 나를 칭찬해 주시고 나는 그 칭찬 덕분에 힘을 내게 되었고 그 과정에서 종갓집 맏며느리로 자리매김 하게 되었다. 시집간 그해 겨울은 얼마나 추웠던지 지금 생각만 해도 아찔하다. 내 마음도 몸도 홀로였고 그 혹독함을 견뎌내야만 했다.

열거할 수 없는 세월들을 보태어 오늘에 이르게 되었다. 혹독한 추위 속에서 빙그레 웃음꽃 된 동백꽃으로 자리하게 된 것이다. 강해지게 되었고 인내하는 데 이력이 들었고 수많은 번뇌와 갈등을 소화시키면서 나 자신을 내려놓는 데까지 도달하게 되었다. 지난至難한 세월 끝에 좋은 일들도 많았고 조상님들의 은덕 끝에 남편을 섬기며 아들과 딸을 낳고 길러 온 것을 최고의 보람으로 여기며 살았다.

종갓집 맏며느리로 사는 일이 지극히 어려운 운명 같은 것이었지만 한편으로는 크나큰 복임을 알게 되었다. 지나온 세월로 인해 오늘의 내가 있음에 항상 감사한다.

## 사랑하는 대영씨에게

사랑하는 대영씨!

은빛 출렁이는 밤바다를 거닐며, 지난 추억의 그림자를 밟으며 오늘도 당신을 향해 그리움을 띄웁니다.

당신의 모습을 찾으려고 영映과 숙淑이 쌓은 추억의 성을 지키려고 몸부림 쳐봐도 정녕 당신의 모습은…

내 육체가 파도에 휩쓸려 산산이 부서지고 조각이 난다 해도 당신의 그림자만 내 가슴에 안을 수 있다면 숙淑의 일생이 마지막 인사치레가 될지라도 결코 후회하지 않을 겁니다.

대영씨 오늘 당신의 정이 넘쳐흐르는 편지 받았습니다. 반복해서 읽어도 끝이 없는…

당신과 내가 힘을 합치면 어떠한 어려움 속에서도 결코 주저앉지 않을 거라는 확신을 했습니다.

왜냐고 묻는다면? 지금 이 시간이라고 말하겠습니다.

긴 별거 생활도 참고 견디면 오늘 이 시간도 그 모든 그리움이나 보고픔도 미래를 향한 한 걸음씩 전진

이 아닐까요.

하루하루 최선을 다하며 열심히 사세요.

그 무엇보다도 염려되는 건 당신의 건강입니다.

당신의 야윈 모습을 보면 내 가슴이 찢어지는 듯 아픕니다. 돈은 있다 없다 해도 건강은 그게 아닙니다.

술 담배도 적당히 하세요.

집에는 별일 없고 11일정도 꼬막 파는 것 같아요. 길면 4월말 정도면 끝나겠고 짧으면 4월 20일부터 25일에 끝날 것 같은 데 잘 되겠죠.

아버지 혼자서 일하러 가실 것 같고 할머니께서는 조금 불편한 것 같아요.

셋째 월요일은 숙직이라고 하니까 근무 해야겠고 20일경에 집에 전화 하세요. 아마 13~15일(2박3일)은 아버지 어머니 관광 떠날 것 같습니다.

당신과 내가 만날 그날이 아득히 먼 것 같습니다.

그날을 위해 오늘도 내일도 긴긴 그리움을 가슴속에 고이 접어 두면서

오늘은 이만 안녕을 고합니다.

>　　　　　　1988년 4월 10일 사량섬에서
>　　　　　　　　　　당신의 아내 <띠움>

## 소중한 생명의 빛(光)이여!

만남이 있어 기뻐했고 또한 헤어짐은 가슴 아픈 이별이지만 돌고 도는 불교의 윤회설을 믿으며 숙淑은 또다시 인내의 열매를 거두기 위해 보금자리를 찾아 갑니다.

**Kim dae young 씨!**

좁은 소견에 미운 투정 많이 부린 것 용서를 빌겠습니다.

당신도 당신 나름대로 고생이 많은데 따뜻하게 감싸주지 못함을…

아무쪼록 서로가 서로에게 희망의 불씨를 움켜쥐고 참고 견디어 봅시다.

난 당신이 매사에 적극적이고 남성다운 패기가 내 마음을 사로잡더군요.

정말로 그런 피 끓는 세상을 향해 사회로 진출 한다면 내 사전에 불가능이라고는 없음을 실감케 할 겁니다.

어려운 일에 부딪치더라도 열 번이고 스무 번이고 참고 견디며 모나게 살지 말고 항상 조약돌처럼 둥글게 생각하세요.

　숙淑은 아직도 섬 생활에 익숙 되지 않고 주춤거리지만 곧 내 가슴에 봄이 오겠죠. 그리고 대영씨와 둘만의 보금자리 그 둥지를 찾을 날도 오리라 확신하며 참고 견디며 열심히 살겠습니다.

　내 걱정은 추호도 하지 말고 직장에 성실히 해서 유능한 직장인이 되세요.

　다음에 또 만날 그날을 기약하며 두서없는 글귀이만 줄입니다. 건강하세요.

　　　　　　　　　　　　1988년 3월 16일
　　　　　　　　　　　　당신의 아내 <띠움>


　P·S : 술, 담배, 당신 건강을 위해 가능한 줄이세요. 그리고 밥도 꼭 사 드시고…

## 영원히 사랑한다는 것은

묵묵히 사랑한다는 것은 영원히 사랑한다는 것
오늘도 숙淑은 당신의 소중한 그림자를 찾아봅니다.
사랑하는 사람이여!
오늘도 당신과 나의 추억을 더듬으며 보고파 몸부림칩니다.
풋풋한 바다 냄새를 머금으며 동백아가씨 노랫가락도 듣고 싶고 밤바다도 함께 거닐고 싶습니다.
항상 바다처럼 넓은 아량으로 숙淑의 부족한 부분도 웃으면서 메우는 당신의 넓은 가슴을 사랑합니다.
타향에서 당신은 고생 많은 줄 알고 있습니다. 아직 젊음의 뜨거운 피가 흐르고 있고 희망의 불씨가 있기에 우리만의 보금자리를 장만할 그날까지 웃으며 노력합시다.
내일 지구의 종말이 온다고 해도 오늘 한 그루의 사과나무를 심겠다는 스피노자의 명언을 되새기며 행복의 날개를 펼쳐 봅시다.
대영씨! 오늘 초등학교 졸업했다. 무슨 뜻인지 잘

모르겠다고?

   사실 오늘 처음으로 소를 내다 몰아봤거든

   세상에 태어나 단 한 번 무섭기도 했는데 그냥 몰고 가니까 저절로 따라와서 신기 했거든. 그래서 할머니께서 나더러 졸업했다고…

1988년 5월 3일 사랑섬에서

당신의 아내 (띠움)

# 사랑하는 사람이여

사랑하는 사람이여

항상 당신의 곁에서 촛불의 여신이기엔 너무도 부족함이 많은 숙淑입니다.

태어날 때부터 피할 수 없는 묘한 인연으로 운명을 따르며 만남의 광장을 펼쳤습니다.

젊음의 열기와 대망 속에서 인생의 3분의 1을 통과하는 단계가 아닐까요.

당신의 소중한 그림자를 밟으며 내 인생의 피가 마르는 그날까지 숙淑은 이 세상에서 오직 한 사람 당신만을 사랑합니다.

사랑하는 남군이여!

낯선 타향, 첫 직장 모두가 첫이라는 관형사가 당신에겐 힘들고 고달픈 생활의 연속이겠죠.

콜럼버스가 아메리카를 발견하기 위해서 모든 고독과 굶주림까지 발길에 놓인 아픔 속에서도 끊임없는 항해를 했기에 오늘의 미국이 경제대국으로 성장했습니다.

강철의 사나이처럼 뒤를 보지 말고 먼 미래만을

향해 어려움도 당당히 소화해 낼 수 있는 그런 멋진 사나이였으면 좋겠습니다.

　숙淑 역시 당신의 아내로서 김씨 집안의 맏며느리로서 항상 조약돌처럼 둥글고 굳세게 살아 갈 겁니다.

　제 걱정은 하지 말고 당신의 건강이나 잘 지키며 직장인으로서 항상 배움의 길을 항상 공부하는 자세로 유능한 직장인이 되시길…

　당신과 내가 만나는 그날까지 한결같이 서로가 서로에게 사랑하는 믿음으로서 모든 아픔을 감싸며 오늘을 열심히 살길 약속하며

　숙淑은 또 다시 원점으로 돌아갑니다.

　건강하세요.


당신의 소중한 그림자를 따르는 숙淑

　　　　　　　　　　　　1988년 5월 10일
　　　　　　　　　　　　사량섬에서
　　　　　　　　　　　　숙淑이가

## 대영씨! 숙淑이 보고 싶지 않아?

처음엔 막막하기만 했던 이곳 섬 생활이 이젠 조금 익숙 되었다고나 할까.

주위 사람들이 너무 인정이 많고 착한 것 같아요. 모두가 따뜻한 마음으로 잘 해주시니 고맙고 나 역시 기대에 어긋나지 않으려고 노력은 하는데 잘 모르겠습니다.

내가 이 섬을 떠나도 이왕이면 좋은 이미지를 남기는 게 좋을 것 같고…

대영씨! 숙淑이 보고 싶지 않아? 난 보고 싶은데.

그저 바라볼 수만 있어도 좋은 사람-대영大映 김金

그날이 오겠죠. 숙淑도 그날을 위해 열심히 노력하겠습니다.

항상 당신 건강에 신경 많이 쓰고 담배도 적당이 하시고 유능한 직장인이 되시기를 빕니다.

재회의 그날을 꿈꾸며 사랑의 Pen을 놓을까 합니다.

1988년 3월 30일
당신의 아내 <드림>

# 내 남편

사량도 양지리 섬마을
어린 나이 여섯에 어머님을 여의고
엄격한 유교 집안의 장손으로
내 남편은
양쪽 어깨가 처질 지경이었다.
정이 그리워서 인지
다정도 병이라고
때론 넘칠 정도로 주려고 한다.
오지랖이라고 불만도 있었다.

이제야 알겠다.
다름을 인정해야 내 살기가 편하다는 것을

부부로 살면서 나는 왜 힘들게 살았는지

이제야 남은 삶을
무거운 짐을 내려놓고 웃으며 즐겁게 살고 싶다.
나와 다름을 인정하면서

## 나의 후원인

내 삶에도 후원인이 있었습니다. 부족함이 많은 나를 칭찬으로 격려해 주시고 응원해 주신 분들이 계십니다. 그 중에서도 시댁 고종사촌 형님, 그러니까 시숙이신 강규태 마산 제일여고 전직 교장 선생님을 들 수 있습니다. 지금은 정년을 하시고 장학재단을 설립하여 좋은 일을 많이 하고 계십니다. 사회적으로 훌륭한 분이십니다.

저희 부부 신혼시절 사량도 시댁에 들리게 될 때 가끔씩 여객선 선상에서 뵙게 되었지요, 그 때마다 우리 아기에게 용돈도 두둑하게 주셨습니다. 한 달 분유 값이 될 정도 이었으니 나에게는 분에 넘치는 돈이었습니다. 너무나도 고마웠고 그때부터 나도 나누어주며 사는 법을 전수 받았지요, 현재에도 실천하며 노력하고 있습니다. 진심으로 감사드립니다.

# 등록금

남편은 직장을 다니면서 야간대학교를 다녔다.

넉넉한 살림은 아니었지만 우리들의 미래를 위해서 꼭 다녀야만 했다. 어느 날 사랑도에 계시던 시아버님께서 오셨다. 내 손에 흰 봉투를 쥐어주시면서 아범 등록금에 보태라는 것이었다. 나는 그 돈만은 받지 않겠다고 극구 사양했지만 아버님의 의중은 완강하셨다. 어머님 몰래 방바닥 밑에 조금씩 모은 용돈이라고 하셨다. 순간 가슴이 뭉클함을 느끼며 눈물을 글썽거렸다.

부모님 가슴엔 늘 자식에게 주고 싶은 사랑의 선물을 담고 있다. 그렇게 시작한 내 남편은 야간대학교를 졸업하게 되었고 이로 인해 직장생활도 힘을 받게 되었다. 종종 아버님께서 주신 대학 등록금을 생각하면 아버님의 큰 사랑이었고 내 삶에 있어 한층 용기를 북돋우어 주셨습니다.

아버님의 무한한 사랑을 내 아들 딸에게 돌려드리겠습니다.

## 시아버님 전상서

나는 사량도 양지리 어촌마을로 시집을 가던 그날부터 늘 긴장의 시간에 직면했다. 그 당시는 실수투성이였다.

시아버님은 나의 부족함을 알고 항상 감싸 주셨고 무엇 하나 더 가르쳐 주시려고 했다. 때로는 격려를 아끼지 않으셨지만 애쓰심에 마음고생도 많았으리라. 그런 시아버님께서도 이 세상을 등지시고 그 시절이 지금은 그립기만 합니다.

어깨가 무거운 종갓집 며느리로 마음고생이 많았는데 이제는 잘 발효된 된장 같아 행복합니다. 이제 자식을 키워서 결혼을 시키고 나니 아버님의 마음을 알 것 같습니다.

시아버님은 우리 집안의 큰 나무이며 별이었습니다. 때로는 엄하시고 때로는 자상하시고 사랑이 무엇인지를 잘 가르쳐 주셨습니다. 이제는 아버님 돌아가시고 그 빈자리가 크게 느껴집니다. 열심히 사셨던 아버님의 노고를 잊지 않고 노력하며 열심히 살겠습니다.

## 제3부

# 가족

가족은 따뜻한 난로다.
훈훈한 온기가 늘 함께하며
사랑의 손길로 서로의 아픔을 다독인다.

가족은 달콤한 사랑이다.
끝없이 샘솟는 우물이다.
가족은 이 세상을 살아가는 힘이다.

가족은 항상 행복 바이러스이며
영원히 꺼지지 않는 등불이다.

## 희망

인생살이
거친 파도를 만난다고
피하지는 말자.
헤쳐 나아가자.

살아감에
괴로운 일도 많겠지만
더 좋은 날들이 많을 거라고
희망을 가지고 버티는 거야.
살아 있음에 갖가지 좋은 일들

너희들로 하여금
행복한 미소가
내 곁을 떠나지 않았어.
파이팅파이팅 하면서
앞으로 내달리는 거야.
가족이라는 마차를 타고

## 아들 견민에게

　아들아 엄마는 늘 당부한다. 서두르지 말고 묵묵하게 천천히 걸어가렴. 빨리 먹는 음식이 체한다고 하지 않니. 인생을 천천히 씹으면서 삼키자꾸나. 일찍 떠오르는 해가 빨리 진다고 소처럼 뚜벅뚜벅 한 발짝씩 늦추어 걸어가 보렴. 너무 많은 것을 가지려고 하지 말게나. 삶의 무게가 무겁다고 투정하지 말게나. 성급함은 일을 망치기도 하지. 발에다가 돌을 채운 듯이 우직한 삶을 누리기를 부탁한다. 등짐이 때로는 복이 된다는 구나.
　아들아 부지런 하렴. 성공의 지름길은 근면 성실이라는 것을 명심하렴. 아끼고 절약하며 나눔의 기쁨도 맛보렴. 행복은 멀리 있는 게 아니고 평범한 일상에 있더구나. 즐거움을 누리며 열심히 살아보렴.

## 착한 우리 며느리

　내 아들의 배우자는 외동딸로 귀하게 자랐다. 우리 김씨 가문에 시집을 와서 훌륭한 며느리로 자리매김하고 있다. 두 손녀를 키우느라 무척 바쁘게 생활하면서 밝은 표정과 긍정적인 삶으로 우리를 행복하게 한다.
　가끔 부부 다툼이 있을 때 나는 가슴이 철렁 내려앉았고 내 마음 속엔 장마철 얼룩진 모습처럼 우울하게 되었다. 너희 부부 사이가 좋을 땐 시커먼 먹장구름이 걷히는 산뜻한 기분이었다. 선선한 여름바다바람 같이, 신선한 산속 공기 같은 날들이 늘 함께 하기를 바란다.

## 일상 속에서 행복

이른 아침
신선한 공기와 재잘거리는
새소리에 눈을 뜬다.

1층에서 손녀들의
꿍딱꿍딱, 뛰는 발자국 소리
기분이 날 것 같다.

아침 아홉시면 어김없이
2층을 바라보며 할머니라고
부르는 목소리에 하던 일을 멈춘다.

유치원 어린이 집 가는
두 손녀의 이쁨을 가슴에 담고
오늘 하루도 행복 찾아 출발이다.

# 손녀들

이목구비 모두 사랑이네
깔깔대는 모습
우리 가족의 행복한 얼굴이 비치네.

이 세상의 어느 꽃이
우리 손녀 꽃보다 이쁠까.

매일매일 영그는 네 모습들에서
예전 우리를 닮았네.

비타민 천연 미네랄

## 손녀 려원이

새록새록
숨소리도 너무 고와라.
잠든 우리 손녀
천사의 얼굴
우리 려원이
예쁜 아기 꽃

환히 웃는 네 모습
우리 아기 이쁜 아기
무럭무럭 건강하게
잘도 자라라.

## 손녀 지아

눈과 코 그리고 입
웃는 모습이
나를 닮아서 신기하네.

## 사랑의 벚꽃

 나의 딸 민지가 열 살 되던 해에 무척 힘든 시간을 보냈다.
 남편은 직장을 다니면서 나 모르는 사이 투자를 해서 좋은 결과를 보지 못함을 뒤늦게 알았다. 그 당시 있는 재산을 몽땅 날리고 길거리에 나앉게 된 상황이었다. 나는 식음을 전폐하고 자리에 몸져눕기에 이르렀다. 이런 나를 지켜보던 어린 내 딸 민지는 학교에서 돌아오면 방문을 살짝 열어보고 걱정을 태산같이 하는 것이었다. 하루는 이런 나에게 요구르트 병에다가 <엄마 이 꽃 선물이야>하고 예쁜 벚꽃을 꽂아 내 품에 안겨주는 것이었습니다.
 딸 민지를 보면서 자식을 위해서 이렇게 살면 안 되겠다고 다짐하게 되었고 훌훌 털고 일어나 열심히 살게 된 것입니다. 나는 거제도에 사는 언니로부터 소개를 받은 최상품의 멸치를 받아서 아는 지인들에게 팔기 시작했습니다. 처음에는 조금 힘들고 창피하기도 했지만 아이들 얼굴만 떠 올리게 되면 힘이 났고 다시 뛰게 되었습니다. 강인한 나의 모성애가 현재의 나를 만든 것 같습니다.

요구르트 병에 꽂힌 연보라 벚꽃, 꽃 보다 예쁘고 사랑스런 딸 민지, 지금은 지구 반대편 미국에서 직장 생활을 하고 있습니다. 내 딸은 내가 이 세상을 살아가는데 있어 큰 힘입니다. 늘 보고 싶은 민지야, 건강하렴.

# 개선문

버클리 주립대학교는 우리 딸애가 다니는 대학교이다.

심리학 전공을 공부하던 딸이 논문 제목을 '개선문'이라고 해서 프랑스 파리 개선문을 문득 떠올리게 되었다. 그래서 의미를 물어봤더니 영 엉뚱한 데서 발상이 나와 황당했다.

우리집 대문은 아치 모양의 기둥 두 개로 되어 있다. 해마다 봄이 되면 그 기둥을 감싼 노랑색 장미가 자태를 뽐내는데 여간 아니다.

정원에는 야생화 꽃들이 예쁘게 자리하여 오가는 행인들의 눈길을 사로잡기에 명품이다

우리 딸은 우리집 대문 즉, 개선문을 통과하면서 어린 시절을 보내며 공부에 열심이었다. 후일 그 추억을 되새겨 논문 제목으로 선정했다고 한다.

우리 가족의 행복한 대문은 우리 딸의 '개선문'이다. 우리는 매일 그곳을 넘나든다.

# 행복

오십 후반을 맞는
하루하루의 일상은
행복으로 가득하네.

매일 매일
영상 통화로 걸려오는
예쁜 두 손녀의
재롱만이 삶의 힘이네.

## LA 가서

　딸의 초대를 받아 우리나라와는 반대편 가깝고도 먼 나라 낯선 땅 미국의 샌프란시스코로 열 두 시간 비행기를 타고 갔다.
　딸은 미국으로 유학을 가서 버클대학교에 입학했다. 그 곳에서 심리학을 전공하여 졸업을 앞두고 있었다. 딸의 졸업식에 참석도 하고 여행도 할 겸 때마침 크리스마스도 겹치고 해서 의미가 깊었다. LA 거리는 화려한 불빛과 수많은 인파로 붐비었다. 그야말로 축제 분위기였다. 각기 다른 인종들도 신기했다.
　지금도 크리스마스가 다가오면 그날의 크리스마스 축제 분위기로 설렌다.

## 우리집 사위

이보시게 사위
잘생긴 용모에 꿈이 원대해서 내 딸과 결혼 허락했다네.

이보시게 사위
내 정서와는 한참 거리가 멀어도 자네들의 의견을 존중해 결혼식을 하와이에서 한다는 것을 허락했다네.

이보시게 사위
자네는 꿈을 안고 열심히 노력하는 노력형으로 보이네. 그게 참으로 마음에 드네. 사는 모습이 안쓰럽기도 하고 대견스럽기도 하다네.

이보시게 사위
그 무엇보다도 건강해야 하네. 부부가 살아감에 있어 가장 중요한 사안이라네. 부부간에 다소 의견 차이가 있더라도 먼저 양보하고 지금처럼 늘 그렇게 잘 살았으면 한다네.

이보시게 사위

머나먼 타국에서 열심히 살고 있는 내 딸을 위해 나는 가끔씩 이런 주문을 하네.

세상을 살아감에 있어 남의 눈에 잎이 되고 꽃이 되어 동서남북 닿는 발길마다 열매 맺고 천사람 만사람으로부터 우러러 보이는 그런 사람 되게 비네. 나의 기도가 하루하루 더해져 최고가 되라고 비네.

## 운동화

운동화가 낡았다고
걱정하던 사위가
어느 날 택배로 운동화를
미국에서 보내왔다.

아깝다고 정들었다고
끼고 살은 해묵은 운동화가
사위 눈에는 안쓰러웠나 보다.

사위의 따뜻한 마음씨에
새 신발 신고 동네 나들이 하네.
알록달록 때때신
그날의 산뜻한 아장걸음이 되어
오늘도 신나서 날 것 같네.

## 어느 가을날

바스락거리며 쓸려 다니는
나뭇잎소리
가을날이면 어김없이 찾아오는
이름 모를 풀벌레의
울음소리들
내 가슴에 아련히 젖어드는데
먼 나라 이국 땅 미국에서 살고 있는
딸 민지의 모습은
언제쯤 내 곁에서 머물며 지낼까,

## 내 딸 민지에게

내 딸 민지는 미국에서 살고 있다.

딸 민지만큼은 나와 다른 삶을 살기를 원한다. 그래서 나는 우리 딸이 먼 타국에 유학 가는 것을 흔쾌히 허락해 주었다. 나는 내 딸의 앞날은 후회 없이 행복하게 살아가기를 바란다.

엄마는 가끔씩 건강이 좋지 않거나 약해질 때 널 생각하며 다시 만날 그날을 기대한다. 가족이 무엇인지 참 무섭다. 민지를 보내 놓고 내 선택이 옳은 것인지 되묻기도 한다. 이젠 결혼을 한 상태라 사위가 있어 든든하고 걱정도 덜 하지만 그래도 가끔씩 보고 싶어 외로움을 느낀다.

남들은 딸들이랑 오순도순 함께 사는 모습을 볼 때 엄마는 삶의 허무함을 느낄 때도 있단다. 자랑스러운 우리 딸을 가슴에 새겨만 두고 볼 수 없으니 세상 사는 것에 대해 허전함을 가질 때도 있구나. 하지만 어쩌랴 우리 딸 꿈이 펼쳐지기를 응원하는 수밖에 없구나. 사랑스러운 내 딸아! 행복하여라.

# 장어

펄떡펄떡 힘이 넘치는 장어
단백질 덩어리
우리 가족의 건강을 지키는 지킴이구나.
깊은 바다 속에서
헤엄쳐 온 장어
너는 최고의 보양식으로 사랑받아서
식탁의 일용할 양식으로 거듭나서
우리가족의 지킴이구나.

## 우뭇가사리 콩국수

우뭇가사리 콩국수는 여름철 우리 냉장고 한편에 늘 자리매김합니다. 이것은 우리가족의 담백하고 고소한 단백질 보충제입니다.

우뭇가사리에 콩물만 넣으면 뚝딱뚝딱 우뭇가사리 콩국을 만들 수 있지요. 여기에다가 국수만 말아 넣으면 누구나 아는 우뭇가사리 콩국수를 만날 수 있습니다.

해풍 맞은 사량도 우뭇가사리를 넉넉한 시간을 두고 푹 고와서 채에 거릅니다. 그리고 사량도 콩을 불려서 삶아 국수와 함께 여름철 더위를 잡는 보양식으로 식탁 위에 앉힙니다. 삼복더위의 건강을 북돋우는 데 이만한 음식을 찾아볼 수 없을 것입니다. 으뜸 중에 으뜸이라고 할 수 있겠지요. 이 맛있는 음식이 중금속 배출도 한답니다. 일석이조인 셈이지요. 거기에다가 다이어트까지 확실하다고 하니 금상첨화가 아니겠어요. 고마운 보양식 우뭇가사리 콩국수입니다.

## 좋은 세상

시력 노화로 수술을 하려고 할 때
내 마음은 검은 구름으로
뒤덮이어 쓸쓸했다.

수술 받고 눈을 떠 보니
새로운 세상이 나를 반긴다.
온 세상이 밝게 빛나니
내 마음도 꽃밭이다.

## 약해지지 말자

앞으로 앞으로
견실한 내일을 설계하면
수많은 의미로운 날들이
내 인생에
펼쳐 질 거다.
이렇게 담담한 마음의 숙제를
내 앞에 던져버리자.
까짓것 코로나도 이길 수 있어
그래 열심히 노력하고
견디는 거야
오늘은 오늘은
새신 신고 꽃길 꿈을 내딛는
첫 걸음의 씩씩한 출발이야.

## 고마운 사람

내가 외롭고 힘들 때 위로하며 힘이 되어준 사람.
세월이 흐를수록 잘 익은 포도주 같은 사람.
이 각박한 세상살이에 다리가 되어준 사람.
오래오래 살아감에 편안하고 안쓰러운 사람.
미운 정 고운 정 함께 나누며 행복한 여정을 같이 할 영원한 나의 동반자 내 남편을 응원합니다.
요즘 사업의 어려움으로 힘들어 하는 당신에게 희망의 메시지를 보냅니다.

# 선풍기


더워서 땀 뻘뻘 흘리는 당신에게
시원한 선풍기 바람으로 더위를 식혀 줄 겁니다.
당신의 모든 짐은 다 내려놓으시고 편안하게 생활하세요.
나이 들어감에 너무 많은 욕심은 금물입니다.
세상사 내 마음대로 다 이루지 못해도 그냥그냥 그렇게 살아갑시다.
살다보면 더 좋은 날들이 올 겁니다.

## 오늘 하루를 열심히

　수구초심首丘初心, 여우는 죽을 때 구릉丘陵을 향해 머리를 두고 첫 마음으로 돌아간다는 의미던가. 아직 그런 때는 멀고멀었지만 지난번에 남편은 고향 사량도에 전입신고를 했다. 어머님은 요양병원으로 가시고 텅 빈 집을 그대로 비워 둘 수 없었기 때문이다.
　산천은 그대로 인데 사람만 시절인연으로 변하여 왠지 쓸쓸한 마음이다. 시절인연이라고 다 그렇게 세월의 흐름을 받아들일 수밖에 없는 것을 어쩌랴. 새로운 세대들은 탄생되고 인생지사 새옹지마라고 그저 그렇게 살아감을 행복이라고 여기자.

## 벗님께

천년을 살리라
만년을 누리리라.

세상의 고달픔은
바람결에 날리고서

오늘을 여유롭게 마주하고
차 한 잔 나눔세.

은은한 녹차의 향기에
자잘한 이야기보따리 풀어봄세.

제4부

## 인연의 사랑을

돌고 돌아서
시련의 세월은 무수한 껍데기를 벗겨내고
양파 껍질 벗기듯
거친 상처는 도려내고
부드러운 내면의 길을
성숙된 서로의 세상을
가까이 한 발자국
손짓하며 다가갑시다.
귀한 인연이라 여기며
사랑합니다.
아픔만큼 성숙한 사랑을
그 아픔을 내밀하게 사랑할 줄 아는
그런 인연의 사랑을

## 더 나은 미래를 향해

살다보면 때론 거친 파도를 만날 수 있습니다.

마음의 여유가 없고 허둥거려질 땐 마법을 걸어 봅시다. 앞으로 잘되기 위한 과정이라고, 아픈 만큼 성숙 된다고

이러한 내가 가끔씩 거친 파도를 가르는 선장처럼 강해져서 내 자신을 놀라게 할 때도 있습니다. 겁도 없이 버티는 정신력에 나는 흐뭇해 할 때도 있습니다. 잘 발효된 된장처럼 말입니다.

나이를 먹는 게 아니고 세월을 익혀가며 살아야 한다고 생각해 봅니다. 나는 긍정적으로 노력하는 아줌마입니다. 가끔은 나에게 노력상을 주고 싶기도 합니다. 꿋꿋이 살아온 세월 앞에서 잘 살았다고 토닥토닥 격려하기도 합니다. 잘 될 거야 하면서 말입니다.

## 양보의 미덕

상대방의 거친 언어로
내 가슴을 멍들게 할 때

그 사람의 마음을 읽자
서운함은 가라앉을 것이다.

예전 말에 정자 좋고 물 좋고
인심 딱 맞는 곳 없다고

한 가지 정도만이라도
안 좋은 건 밀쳐두고
양보하면서 사는 게 미덕이리라

## 긍정은 내 편이다

긍정은 풍요로운 삶의
밑천인 것이다.
부정은 긍정의 반대편에서 늘 함께 한다.
이 연결고리는 인생을 만든다.

부정보다 긍정이 고개를 매번 쳐들 때
힘이 되고 복이 되던 것을

세상살이 그리 쉽지도 않았네.
힘들지만 고만고만 버틸 만 했네.

모든 건 일체유심조라 했다
긍정의 씨앗은 삶에 있어 원동력이다.

긍정은 내 편으로 함께 해 오늘에 이른다.

# 용서

생을 살면서
용서라는 단어에 옹졸해 질 수 있습니다.

선인께서는
남을 용서 할 줄 모르면
나도 용서 받을 자격이 없다고 했습니다.

옹졸해지고 좀스러워진다면
스스로 내 자신을 죽비로 내려쳐야 합니다.

내 자신을 내려놓고
채찍질해야 합니다.
그런 후에야 올곧은 내 자신을 만들 수 있는 겁니다.
그로부터 세상은 밝아집니다.

## 열쇠

이 세상 내 마음에 꼭 맞는 건
열쇠밖에 없다.
내가 상대방을 맞추고 배려하게 된다면
세상 삶에서 편해질 것이다.

## 재주보다 덕이 먼저

재주가 덕德을 앞지르면 안 된다

덕이 재주를 앞서야 올바른 인품난다고 한다.

## 따뜻한 봄날

웅크린 어깨 활짝 펴고
봄의 향기를 맡으며
자연의 숨소리를 듣자.

모진 추위 견디며
파릇파릇 돋아나는
새싹에게 감사하자.

우리네 삶은 새싹이다.
고생 끝에 견딘 세월은
익어가고 그래서 추억은 되새김 되고
활짝 펴 무르익은 오늘 봄날이야말로
우리네 인생의 따뜻한 일상이다.

## 성주동 불모산 나들이

녹음이 우거진 숲속 사이로
세상만사 온갖 번뇌 내려놓고
나그네는 나그네는
정처 없이 거닐고 있네

깊은 산속 다람쥐
소스라쳐 뛰어가네.
귀여워서 카메라에 담으려하니
놀래어서 재빠르게 달아나네.
달콤한 너의 삶을 빼앗았나 보네.

주황색 나래 꽃은
청순한 새색시네.
수줍은 듯 자태를 뽐내면서
예쁘게도 단장들 했네.
지저귀는 새소리들
이름 모를 풀벌레 소리들

오늘도 여느 때와 같이
불모산 숲속 나들이 길은
나그네에게 그들만의
행복에 젖은 노랫소리를 읊고 있네.

계곡의 물소리는 내 마음을
치유하기에 적당하네.

# 장학금

나는 여고시절 배고픔을 많이도 앓았다. 가난이 뭔지 알기 때문에 공부보다 돈 걱정을 더 했다. 배고픔으로 위장병도 잦았고 그래서 공부도 제대로 할 수 없었다. 세월은 흘러, 나는 천원 중에 백 원은 내 돈이 아니라고 생각하고 아끼게 되었다. 절약하여 모은 돈을 내 주변의 지인부터 장학금을 건네게 되었다. 주변의 어려운 분을 도우고자 그간 꾸준히 모았던 돼지저금통을 털기도 했고, 몇 년을 계획해서 저축하여 흐뭇한 금액을 기부하기도 했었다.

남을 도울 수 있다는 것은 내 인생에 있어 최고의 보람이고 행복이다. 우리집이 가난해서 나는 대학 공부를 하질 못했다. 삶을 살아오면서 이 부분에 대해서 늘 한이 되었다. 하지만 나로 인하여 누군가가 열심히 공부할 수 있다면 그게 좋았다. 나의 아들과 딸은 현재 박사공부를 진행 중에 있다. 내 인생에 있어 최고의 자랑이고 행복인 것이다.

# 창원 소계동

낯선 사람들 끼리끼리
정이라는 이미지로 똘똘 뭉쳤던
그날 소계동의 다정했던 내 이웃들

가슴가슴으로 만나서
끈끈한 지인들은 자잘한 정을 나누었던
마음 편히 20년여를
내 젊은 날의 혼을 누리다가
이제는 게다가 아쉬움만 묻고 떠나 버렸네.

가끔씩 모임이 있어
그곳 소계동으로 가면
친정집 동네에 온듯하다.
엄마 품같이 푸근하다.

## 성주동 꽃동산

해마다 오월이면
우리 동네는
형형색색 꽃동산으로
수를 놓는다.

주인의 손길이 묻은
예쁜 꽃들을 감상하며
동네 한 바퀴 돌고나면
내 마음도
천국에 다다른 것 같은 느낌에 젖고
쌓였던 마음의 때를
씻고 나니 한결 즐거운 것을

## 동정동 산마루 카페

도심의 복잡함이
번거로울 땐
남편과 나는
산속에 편안한
산마루 카페로 간다.

새소리
바람소리
울창하게 우거진 숲속
마음의 보따리를 푼다.
무거웠던 마음을 내려놓고

돌아올 땐
산속에서 자란 닭들의
계란을 선물로도 받았다.
유기농이다.
예전 우리 고향집
싱싱한 달걀이다.
산마루 카페의 보물이다.

## 부처님 오신 날

온 들녘 푸르름은 가득하고
신선한 공기에 취해가면서
저마다 발걸음들 가볍네.
연이은 등불은 온 세상을 환히 밝혀
부처님의 자비로움을 곳곳에서 느끼게 하네.

성주사 깊은 산속
그윽한 풍경소리 밀려오면
그윽한 충만으로 가득했으면 하고
빌고 다시 빌었네.
부처님 오신 날
동네 어르신네들
옷단장하고 나들이 가네.
그곳 가서 마음의 때를 씻네.

# 전남 장흥 가서

전라도는 여느 지방보다 식탁 위의 먹을거리가 풍부하다. 특히 밑반찬 가짓수에 이르면 이의를 제기하는 분을 찾을 수 없을 것이다. 내용면에 있어서도 단연 으뜸이다. 이에 못지않게 남도의 구수한 언어는 정을 흠뻑 묻어나게 한다.

우리 옆집 동생은 나와 잘 알고지내는 사이다. 그의 고향은 전남 장흥이다. 그곳에는 전국적으로 키조개 축제로 유명하다는 것을 접하게 되었다. 구체적으로는 키조개, 쇠고기, 표고버섯으로 이름을 떨치는 데 이를 통틀어 삼합이라고 한다. 그곳 사람들은 흥이 많고 노래도 잘하고 토요시장에서 즉석 공연도 베풀기도 한다. 그곳은 이색적인 곳이라 구경에 몰입하면 삼매경에 빠진다.

다시 한 번 더 그곳 장흥으로 여행을 하고 싶다. 여행길에는 사람 냄새로 종종 흥겨울 때가 있다. 행복한 나그네의 발걸음을 가볍게 하는 곳이다.

## 유럽 여행길

우리 부부와 아들과 며느리 그리고 어린 손녀를 데리고 유럽 가족여행을 떠났다. 남편은 정년이 되어 더욱 홀가분했다.

9인승 승합차로 기사를 동반하고 동유럽 이탈리아, 오스트레일리아, 독일, 체코, 스위스 등을 다녔다. 여러나라를 여행하면서제일 염려스러웠던 것은 23개월 되는 어린 손녀였다. 걱정을 많이 했는데 다행히 칭얼대지 않고 잘 따라다녀 수월 했다. 눈으로 뒤덮인 스위스의 산은 동화책 속의 화려한 풍경 그 자체였다. 언덕 위의 집들은 평화로워 보였고 우리나라와는 다르게 땅도 넓고 자연경관들이 너무 아름다워서 좋았다. 우리 인생에 있어서 뜻 깊은 날들이었다. 다시 가보고 싶은 유럽의 여러 나라들이 지금도 그립다.

## 2022년 6월 6일 화요일

가뭄에 목말라서
애타던 식물들이
파릇파릇 생기를 찾았어.
신선한 공기에
바람은 내 볼을 스치며
말했다네.
행복하다고

일상에서는
신선한 공기와 바람이
고맙고 고맙다고 느낀 적
얼마였던가.

사업에 사람에 돈에
민감한 나날들이었다.
이제는 삶의 무거운 짐을
내려놓고 편하게
누리고 싶다.

## 만선의 꿈

비가 내리고 있네,
통영시 용화사 뒤편 미륵산이 운무를 품네.
오리무중의 하루하루는 물음표네.

세월은 빨라 유수처럼 흐르고
내 마음에 맞는 세상살이는
긍정으로 나아가질 않네.

국제 유가가 치솟고
사업은 날이 갈수록 힘들고
바다사업은 새까맣게 타 들어가
선주들의 마음은 답답하기만 하네.

바다 물속 알 수가 없으니
대자연의 섭리에 맡길 뿐
내일이 보이지 않는 전망이지만
용왕님의 힘을 빌고 빌려
만선의 기쁨을 꿈꾸어 본다네.

## 등대

검푸른 바다 위에
우뚝 솟은 저 등대는
누구의 벗이던가.
어느 어부의 길잡이던가.
오가는 건강한 선장들의
말동무네 길동무네.

# 코로나 대 유행

세계적인 대 유행
코로나로
모두들 힘들다.
매스미디어는 늘 시끄럽고
확진자 확진자로
사람의 마음을 심난하게 한다.
전쟁 중에서도
오늘이 중대한 전쟁이다.

희망의 분홍빛은
이 힘든 시기를 넘기면
우리와 함께 하리라.
삶의 끈을 끝까지 놓지 말고
늘 그랬듯이
지금 여기에 다음의 미래를 향해
희망과 꿈을
펼쳐본다.

## 통영시절을 펼치다

　통영으로 이사를 왔다. 해모로 아파트에 짐을 옮긴지 3년이 다 되었다. 짐은 옮겨 살지만 정이 쉽게 들지 않는다. 회오리바람 같이 가끔씩 내가 왜 여기까지 왔는지 되묻고는 쓸쓸한 마음에 휩쓸려 혼란스럽기까지 하다.
　그러던 어느 날 아침 일찍 마을 뒷산의 북포루까지 등산을 했다. 아침 햇살에 신선한 공기를 마시며 바라본 한산섬 풍경은 또 다른 나의 관심거리로 남게 되었다. 통영이 이렇게 아름다운 곳이라는 것을 피부로 느끼게 되었고 감탄이 절로 나왔다. 풋풋한 갯내음도 한산도 내 고향과 별반 차이를 느끼지 못했다.
　서호시장의 이른 아침은 생동감에 취하기에 알맞다. 이런 저런 연유로 요즘은 통영생활에 많이 익숙해졌다. 내 고향 한산도와 가까이 있는 이곳에서 나의 또 다른 삶을 후회 없이 누리고 누리리라.

## 통영예찬

아득한 예전, 통제사가 발령을 받고 원문고개를 넘으면서 두 번 울었다고 한다.

한 번의 탄식은 이런 변방의 갯가에 와서 어떻게 살까하고 서글퍼서 울었다고 하고, 또 한 번은 통영에서 살다가 발령을 받고 떠날 때 내 평생에 이렇게 맛나고 싱싱한 해산물을 언제 또 다시 먹을 수 있을까 하며 원문고개를 넘었다고 한다.

한산도 제승당은 임진왜란 당시 3년 8개월 동안 삼도수군통제영이 있던 곳이다. 세병관은 통영의 문화동 중앙에 위치해 있으며 조선후기 삼도수군통제사영의 관청으로 사용되었다. 1603년 선조 36년에 성웅 이순신李舜臣의 전공을 기리기 위하여 세웠다고 한다. 지금은 새로 잘 단장되어 관광지로 유명하다. 지명은 통영에서 충무로 다시 통영으로 변모하였다.

근대에 이르러서는 거장 문인들의 발자취로 명성이 높다. 유치환 시인의 행복, 김상옥 시조시인의 다보탑, 김춘수 시인의 꽃, 박경리 소설가의 토지는 웬만한 사람치고 모르는 이 없을 것이다.

해안가 바닷가는 미적 아름다움으로 관광객으로부터 인기이며, 밤이면 화려한 조명으로 미항의 이름마저 더한다. 수많은 외지인들의 발걸음은 충무김밥집으로부터 꿀빵집, 싱싱한 해산물과 살아 숨 쉬는 활어 횟집에 멈춘다.

특히 충무김밥은 말이김밥에 무우김치와 오징어무침, 홍합꼬지, 부산오뎅 등이 반찬으로 쓰이고 있다. 한려수도를 경유하는 부산 여수 뱃길의 여객선 선상에서부터 인기를 독차지해 지금에 이른다고 한다. 나아가 고기잡이 하던 어부들의 배고픔을 달래던 음식으로도 한 몫 했다고 한다.

강구안은 풋풋한 바닷가 갯내음으로 가득하다. 새로운 모습으로 거듭나기 위하여 현재 한창 조성 중이다. 이곳 또한 명물로 자리하고 있다. 이 천혜의 통영을 길이길이 우리 후손들에게 물려주기 위해서 모두다 함께 노력해야 할 것이다. 미래에도 영원한 통영으로 각광받기 위해서는 현재부터 중요하다. 모두들 한마음으로 통영을 아끼는데 힘쓰자.

내 딸
민지로부터
온 편지

따시다
민지
엄마

## 나의 첫사랑, 엄마에게

　엄마, 늘 하얀 종이 위에 써 내려가던 소중하게 간직한 엄마의 세상을 사람들이 읽어볼 수 있게 되었다는 소식을 전해 들었어. 엄마가 간절히 바랬던 본인만의 책을 가지고 싶다는 소원이 이루어진 거, 너무 축하해. 어릴 때부터 엄마가 글 쓰는 모습을 보고 자란 나도
　그 소식을 들었을 때 마음이 얼마나 벅차올랐는지 몰라. 엄마의 일기에 어떤 내용이 쓰여 있을까, 엄마가 보는 나는 늘 어떤 사람일까 궁금했는데, 그걸 엿볼 수 있는 기회가 생긴 것 같아서 벌써부터 두근거려. 엄마, 내가 엄마한테 늘 내 인생 첫 기억은 아직 걷지도 못하던 아기였을 때 엄마를 찾아 헤매이던 거라고 말하면 엄마는 아닐 거라면서 너무 어릴 때 기억이라고 웃으면서 넘겼던 것 같아. 근데 나는 설거지하는 엄마의 뒷모습을 보고 기뻐서 와다다 기어가서 엄마의 발목을 잡고 헤헤 하고 실없이 웃었던 기억이 아직도 생생해. 최초의 기억은 많은 의미를 담고 있다 던데, 아마 나는 세상에 태어나고 엄마를 만나서 사랑에

빠진 것 같아. 그래서 안보이던 엄마를 찾아 돌아다녔고, 엄마를 향해 젖 먹던 힘을 다해 기어갔고, 엄마가 뒤 돌아 내 이름을 불러준 그 순간이 너무 기뻤던 것 같아. 그 기쁨이 내 마음에 남아서 내 첫 기억이 되어 버린 거지. 그래서 나는 엄마가 내 첫사랑인 것 같아. 엄마는 내 마음에 사랑이라는 글자를 처음 써준 사람이야. 나는 엄마를 너무 사랑해서 엄마의 세상을 공유하고 싶었어. 옆에서 늘 엄마를 지켜보던 어린 나는 엄마가 일기 속에 적어 놓은 많은 기억들, 감정들, 생각들을 전부까지는 아니겠지만, 어느 정도 같이 느끼고 있었던 것 같아. 그래서 엄마가 아프고 슬펐을 때, 고사리 같은 손으로 몇 안 되는 벚꽃을 꺾어서 엄마한테 전해주고 싶었던 것 같아. 엄마가 슬프면 나도 너무 슬펐으니까. 그래서 늘 자랑스러운 엄마의 딸이 되기 위해서 노력했던 것 같아. 엄마가 기쁘면, 나도 기쁘니까. 늘 그렇지는 않았겠지만, 많은 순간 내가 엄마의 기쁨이었으면 좋겠다. 엄마, 그 어떤 말로도 엄마를 향한 나의 마음을 표현할 수 없는 것 같아. 근데 하나는 확실해. 내가 엄마한테 늘 감사하고 있다는거. 내가 이룬 모든 것들은 전부 엄마의 나를 향한 믿음 덕분이야. 엄마가 나를 믿어줘서 나는 여기까지 올 수 있었어. 내가 세상에 흔들릴 때도, 엄마는 나를 믿어

줬고, 내가 어떻게 될 수 없는 선택을 할 때도 엄마는 나를 믿어줬지. 엄마의 딸이라는 이유 하나만으로. 사랑하는 나의 엄마, 사람들은 첫사랑이 이루어질 수 없는 환상 같은 거라고 하던데, 나에게 첫사랑은 나를 이루는 작은 세상이야. 엄마가 처음 마음에 새겨준 사랑이라는 글자가, 엄마가 나에게 준 절대적인 믿음들이 내가 남아서 내 세상이 되었어. 내 세상의 기쁨은 나의 기쁨이야. 엄마가 늘 행복했으면 좋겠어. 그러면 나도 행복할 테니까. 다시 한 번 엄마의 책 출간을 축하해. 엄마, 늘, 사랑해요. 엄마의 딸, 민지올림.

박명숙 수상隨想집
## 따시다 민지엄마

지은이 ǁ 박 명 숙
펴낸이 ǁ 김 보 한
펴낸곳 ǁ 시계詩界
등  록 ǁ 2010년 3월 23일, 제533-2008-1호
주  소 ǁ (53057) 경남 통영시 명정 2길 12(명정동 474-7)
전  화 ǁ (055) 642-9530, 손전화 010-4594-3555
E-mail ǁ sigepoem@naver.com
초판1쇄발행 ǁ 2022년 8월 10일

ISBN 979-11-9788-001-8 03810

값 10,000원

※ 잘못된 책은 바꾸어 드립니다.